GAETANO DONIZETTI

CONCERTINO

FÜR KLARINETTE UND KAMMERORCHESTER
B-DUR

HERAUSGEGEBEN UND REKONSTRUIERT VON

RAYMOND MEYLAN

AUSGABE FÜR KLARINETTE UND KLAVIER VOM KOMPONISTEN

Unter Nr. 8206 in die Edition Peters aufgenommen
EIGENTUM DES VERLEGERS · ALLE RECHTE VORBEHALTEN
ALL RIGHTS RESERVED

HENRY LITOLFF'S VERLAG / C. F. PETERS

FRANKFURT/M. · LEIPZIG · LONDON · NEW YORK

Vorwort

Die vorliegende Ausgabe von Donizettis Concertino für Klarinette und Orchester stellt eine Rekonstruktion des Werkes dar. Sie basiert auf einer eigenhändigen Skizze für den ersten Satz (Mittlerer Teil der Handschrift Ms. 4144 der Bibliothèque Nationale, Paris; diese Stücke bekamen von Charles Malherbe den Titel *Esquisse pour hautbois et piano*) und auf den Kopien von der Hand Guido Zavadinis (Handschriften Nr. I 2a C a 1 für die Partitur und I 2a C c 1 für den Klavierauszug im Museo Donizettiano, Bergamo) für den zweiten Satz.

Die Herausgabe erstreckt sich auf

1. die Zusammenstellung zweier getrennter Sätze,
2. die Transposition, Ergänzung und Instrumentation des ersten Satzes,
3. die kritische Revision der sehr fehlerhaften Vorlagen zum zweiten Satz.

Der Herausgeber dankt den genannten Bibliotheken für die freundliche Erlaubnis zur Veröffentlichung des Werkes.

Raymond Meylan

Preface

This edition of Donizetti's Concertino for Clarinet and Orchestra is an attempt to reconstruct the original form of the work. It is based on sketches in Donizettis' own hand for the first movement (Middle part of the manuscript Ms. 4144 in the Bibliothèque Nationale, Paris; this pieces were entitled *Esquisse pour hautbois et piano* by Charles Malherbe) and copies stemming from the hand of Guido Zavadini (MSS. No's. I 2a C a 1 – score – and I 2a C c 1 – piano reduction – contained in the Museo Donizettiano, Bergamo) for the second movement.

Objectives undertaken in preparing this edition comprise:

1. The attempt to link two separate movements,
2. Supplementing, transposing and scoring the first movement,
3. Critically revising the extremely defective sources of material used to compile the second movement.

Acknowledgements are due to the above-mentioned libraries for the kindness and courtesy in allowing the work to be published.

Raymond Meylan

Aufführungsmaterial erhältlich · *Orchestra material available*

CONCERTINO B-DUR

für Klarinette und Kammerorchester

Gaetano Donizetti (1797-1848)

Herausgegeben und rekonstruiert von Raymond Meylan

Klarinette in B

CONCERTINO B-DUR
für Klarinette und Kammerorchester

Gaetano Donizetti (1797-1848)
Herausgegeben und rekonstruiert von Raymond Meylan

Klarinette in B

MUSIK FÜR HOLZBLÄSER
MUSIC FOR WOODWIND

OBOE / ENGLISCHHORN

J. S. BACH Sonate g-Moll BWV 1030 b für Oboe, und Basso continuo, rekonstruiert von R. Meylan	EP 8118
– Konzert c-Moll BWV 1060 für Oboe, Violine und Orchester, Klavierauszug (Seiffert)	*EP 3722
BARKAUSKAS Monolog für Oboe solo	EP 5729
BEETHOVEN Trio C-Dur op. 87 für 2 Oboen und Englischhorn	EP 7167
BOCCHERINI Quintette op. 45/1-3 für Oboe und Streichquartett (Lebermann)	EP 8005
DONIZETTI Sonate für Oboe und Klavier	EP 5919
– Concertino für Englischhorn und Klavier	EP 4847
GENZMER 7 Studien (Capricci) für Oboe solo	EP 8230
– Trio für 2 Oboen und Englischhorn	EP 8680
F. GOLDMANN Sonate für Oboe und Klavier	EP 10307
– Erstes Trio (1985) für Oboe, Violoncello und Klavier	EP 9655
– Zweites Trio (1998) für Oboe, Vc. und Klavier	EP 8983
HAYDN Konzert C-Dur (Hob.VIIg:C1), Klavierauszug	EP 8233
HOLZBAUER Konzert d-Moll, Klavierauszug	EP 8199
MARCELLO Konzert d-Moll, Klavierauszug (Fechner)	EP 9484
MOSCHELES Concertino für Flöte, Oboe und Orchester, Klavierauszug (Wojciechowski)	EP 8593
MOZART Konzert C-Dur KV 314 (285d), Urtext, Ausgabe für Oboe und Klavier (Schenck)	*EP 8920
– Oboenquartett F-Dur KV 370, Ausgabe für Oboe und Klavier	EP 7077
ORCHESTERPROBESPIEL für Oboe	EP 8660
ROSETTI Konzert C-Dur, Klavierauszug	EP 8137
SAINT-SAËNS Sonate op. 166 für Oboe und Klavier	EP 9196
SALIERI Konzert für Flöte, Oboe u. Orchester, Kl.Ausz.	EP 5891
SCHUMANN Romanzen op. 94 für Oboe u. Klavier	*EP 2387
R. STRAUSS Orchesterstudien für Oboe und Englischhorn, 2 Hefte	EP 4190d/e
TELEMANN Konzert f-Moll (TWV 51:f 1), Ob. u. Klav.	EP 5881

KLARINETTE

ARTYOMOV Sonate für Klarinette solo (1966)	EP 8785
– Bekenntnis für Klarinette solo (1971)	EP 8783
BARKAUSKAS Trio für Violine, Klarinette u. Klavier	EP 8882
BRAHMS Sonaten op. 120 für Klarinette u. Klavier	*EP 3896
– Trio a-Moll op. 114 für Klar.(A), Vc. und Klavier	EP 3899e
DEBUSSY Petite pièce, 1. Rhapsodie für Klarinette und Klavier, Urtext (R. Zimmermann)	EP 9157
DONIZETTI Studie für Klarinette solo	EP 8046
– Concertino für Klarinette und Klavier	EP 8206
GENZMER Fantasie für Klarinette solo	EP 8181
– Capriccio für 2 Klarinetten	EP 8612
– Sonatine für Klarinette und Klavier	EP 5944
– Sonate für Klarinette und Klavier (1997)	EP 8971
– Trio für Klarinette, Violoncello und Klavier	EP 8761
– Quartett für Klarinette, Violine, Violoncello und Klavier	EP 8843
GREBENTSCHIKOW 3 griechische Tänze für Klarinette und Klavier	Bel 503
HAYDN 3 Trios (Hob.IV:Es 1 / Es 2 / B1) für Klarinette, Violine und Fagott (oder Violoncello)	*EP 4917
JOPLIN 6 Ragtimes, arr. für Klarinette und Klavier	*EP 8846
MOZART Konzert A-Dur KV 622, Urtext, Klavierauszug (Burmeister)	*EP 9821
– Klarinettenquintett A-Dur KV 581, Ausgabe für Klarinette und Klavier (Catelinet)	*EP 19c
ORCHESTERPROBESPIEL für Klarinette	EP 8661
PLEYEL Trio Es-Dur für 2 Klarinetten und Fagott	EP 8207
SAINT-SAËNS Sonate op.167 für Klarinette u. Klavier	EP 9290
SATIE Gymnopédies, arr. für Klarinette und Klavier	EP 7341
SCHUMANN Fantasiestücke für Klarinette (A) und Klavier op. 73	*EP 2366a
– Romanzen op. 94 für Klarinette (A) und Klavier	*EP 2387
SPOHR Konzert Nr. 1 c-Moll, Klavierauszug	EP 2098a
– Konzert Nr. 2 Es-Dur, Klavierauszug	EP 2098b
C. STAMITZ Konzert Nr. 3, Klavierauszug	*EP 4859
R. STRAUSS Orchesterstudien für Klar., 3 Hefte	EP 4190a/b/c
WEBER Großes Duo op. 48 für Klarinette u. Klavier	EP 3317
– 7 Variationen B-Dur op. 33 für Klarinette u. Klavier	EP 7015
– Concertino op. 26, Klavierauszug (Burmeister)	EP 8755
– Konzert Nr. 1 f-Moll, Klavierauszug (Burmeister)	EP 8789
ZIPP Elmauer Bagatellen für Klarinette solo	EP 8390

FAGOTT

BOISMORTIER 8 kleine Stücke aus op. 40 für Fagott und Basso continuo (Doflein)	EP 8380
DEVIENNE Trio a-Moll op. 61/3 für Flöte, Klarinette und Fagott	EP 8379
DONIZETTI Trio für Flöte, Fagott und Klavier	EP 8146
FASCH Sonate C-Dur für Fagott und Klavier	EP 5893
GALLIARD Sonaten a-Moll, e-Moll, c-Moll, C-Dur für Fagott und Klavier	H 753a/d/e/f
GENZMER Sonate für Fagott solo	EP 8234
– Trio für 3 Fagotte	EP 8679
– Introduktion und Allegro für Fagott und Klavier	EP 5920
– Trio für Flöte, Fagott und Cembalo	EP 8344
– Divertimento für Fagott und Violoncello	EP 8899
GLINKA Sonatensatz für Fagott (orig. f. Viola) und Klavier (Schottstädt)	Bel 537
JOPLIN 6 Ragtimes, arr. für Fagott und Klavier	*EP 8846
MOZART Konzert B-Dur KV 191, Klavierauszug	*EP 4347a
ORCHESTERPROBESPIEL für Fagott	EP 8662
Fl. PEETERS Trio op. 80 für Flöte, Klarinette und Fag.	EP 6017
RASKATOV Glosses für Fagott solo (1989)	Bel 591
SAINT-SAËNS Sonate op. 168 für Fagott und Klavier	EP 9195
R. STRAUSS Orchesterstudien für Fagott u. Kontrafg.	EP 4190i
SHOOT Four Versions für Fagott und Streichquartett	Bel 583
ZIPP Elmauer Bagatellen für Fagott solo	EP 8391

* zu diesen Ausgaben ist eine Music - Partner CD mit eingespieltem Orchester- bzw. Klavierpart erhältlich

C. F. PETERS · FRANKFURT/M. · LEIPZIG · LONDON · NEW YORK

www.edition-peters.de · www.edition-peters.com